21 CONSEJOS PARA EMPRENDER UN NEGOCIO DE ÉXITO

RUBÉN DIEGO CARRERA

www.rubendiegocarrera.com

Copyright © 2021 Rubén Diego Carrera
Todos los derechos reservados.

ISBN: 9798740953366

SELLO: Independently published
LICENCIA: All rights reserved
AUTOR: Rubén Diego Carrera
EDICIÓN: Uni2 Digital

Queda rigurosamente prohibida, sin la autorización escrita de los titulares del copyright, la reproducción, distribución, transformación, manipulación, comunicación pública o cualquier otro acto de explotación total o parcial, gratuito u oneroso, de los textos, imágenes o cualquier otro contenido que aparezca en esta obra.

Dedicado con amor a mi hijo Martín.
(EHEUPEO)

ÍNDICE

1. COMIENZA LA AVENTURA — 01
2. REFLEXIÓN SOBRE EL ÉXITO — 07
3. CONSEJOS EXPERIENCIALES — 10
4. FELIZ COLOFÓN FINAL — 67
5. GRACIAS POR SER Y ESTAR — 70

1 COMIENZA LA AVENTURA

¡Hola querid@!

Antes de nada agradecerte que estés invirtiendo tu valioso tiempo en leer este libro. Ojalá encuentres al menos una pepita de oro que llevarte a la mochila y sea para ti de utilidad práctica. Te aseguro que me he dejado la piel en extraer no una, sino veintiún pepitas de oro, nacidas desde mi propia experiencia personal, consejos reales forjados en la batalla del emprendimiento empresarial.

Me gustaría presentarme sucintamente, considero importante conocer la persona detrás de las letras. Soy Rubén Diego Carrera, ingeniero de caminos, canales y puertos de formación, empresario desde 2009, inversor y profesor asociado de dirección de empresas en la Universidad de Cantabria desde 2010.

Mi vida y mis negocios no son el foco de atención en este libro, no obstante, me gustaría transmitirte una idea de contexto general que te confiera perspectiva a la hora de interpretar mis consejos y llevarlos a tu terreno personal, a tu caso concreto, a tu emprendimiento.

Nací el 27 de julio de 1984 en una familia de clase media, soy el hijo primogénito de José Antonio y M.ª Lourdes, mis padres, y el hermano mayor de Paula. Fui el primero de la familia que decidió estudiar una carrera universitaria, y en cuanto a cultura emprendedora, cero absoluto. No obstante mi abuelo materno tuvo un negocio propio, era ebanista, murió el año que ingresé en la Universidad, y es ahora cuando me doy cuenta de su increíble mentalidad emprendedora.

Fui un estudiante "resultón", algunos compañeros me tachan de brillante, yo prefiero ceñirme a los hechos, y a decir verdad, fui uno de los mejores expedientes académicos de mi promoción. Coseché un total de once matrículas de honor (calificación máxima) en mi paso por la Universidad de Cantabria. Ahora bien, mi mentalidad emprendedora brillaba por su ausencia, sin atisbos más allá que ostentar un buen cargo el día de mañana en una empresa de ingeniería líder del sector. Esa fue mi ambición durante años.

En 2007 me enrolé en el Grupo de Investigación de Tecnología de la Construcción (GITECO) en la Universidad de Cantabria. Mi primer contrato laboral, mi primer desempeño profesional. Investigación en el campo de la ingeniería. Suena genial. Estuvo bien, fueron grandes años de aprendizaje, pero sobre todo, fueron los años del despegue progresivo del gen emprendedor, gracias a quien considero mi primer gran mentor, Francisco Ballester, mi jefe en el grupo de investigación, un Catedrático de Universidad que además era un tiburón en la vida real, empresario de éxito incansable.

En 2009 me asocié con mi mentor y otros tres compañeros de viaje (José, César y José Manuel) en lo que sería mi primer emprendimiento, INGECID, una empresa de ingeniería surgida como una spin off del grupo de investigación.

En 2012 llegó mi estreno como inversor en una empresa promotora de proyectos de generación de energías renovables, de la mano de Agustín Valcarce, otra de las personas influyentes en mi carrera profesional.

Recuerdo el año 2015, intensidad máxima, triple acontecimiento vital. En junio constituí la empresa STAR PROJECT CONSULTING, que opera en el campo de la ingeniería, consultoría empresarial y consultoría en innovación. Arranqué desde cero, tenía hambre por tener un proyecto 100% propio, sin compañeros de viaje, a mi medida. A día de hoy la empresa ha logrado un hito histórico en el campo de la ingeniería civil, diseñando el puente tibetano más largo del mundo en la localidad cántabra de Peñarrubia. En Julio abrió sus puertas BIKE SHOP CAFÉ ROUBAIX, un negocio en torno al ciclismo, con una propuesta de valor totalmente disruptiva, en donde actúo como inversor junto a Matías Mantilla, el capo del negocio. Y finalmente lo más importante por encima de todas las efemérides, en Noviembre nace Martín, mi hijo.

En 2017 me asocio con David Santos, el primer empleado que tuvimos en nómina en INGECID se ha hecho mayor, es un empresario de éxito y decidimos emprender juntos una nueva aventura llamada INFINIA ACCESIBILIDAD. Poco después nos convertimos en la primera entidad oficial de inspección acreditada por ENAC en España para la inspección de la accesibilidad del espacio urbano.

En 2018 invierto en FREE CONSULTING, uno de los proyectos empresariales del analista económico y tertuliano en los medios de comunicación, Pablo Gimeno, presidente del GRUPO PGS.

Del 2018 al 2021 llevo a cabo varias inversiones, aliándome con socios estratégicos que nos confieren un mayor músculo comercial y experiencia en áreas de la consultoría a las que nosotros no llegamos, tales como el turismo, ARQUIA, y el deporte, SPORT TALENT FACTORY.

También en este periodo damos paso a los negocios digitales, dentro de una estrategia macro de transición al mundo digital de todas nuestras empresas. Para ello creamos CREATIVITY AND INNOVATIVE SOLUTIONS.

En el año 2019 logro uno de los hitos más potentes en el camino de crecimiento de un emprendedor, delegar la gestión de todas las empresas. La llegada de Esteban López, doctor ingeniero de caminos y amigo de la infancia, así como socio en varios de los nuevos proyectos, ha supuesto la culminación de un proceso de madurez y consolidación del entramado de negocios, que en estos momentos se enfrenta al apasionante reto de convertirnos en una de las empresas con mayor proyección del sector.

EMPRENDEDORES DE IDEAS MILLONARIAS es en nombre de una empresa en la que invertimos varios socios al talento de un joven ingeniero, alumno mío en la Universidad, que dejó boquiabierto al jurado en un concurso de emprendimiento. Yo también era parte del jurado y no dejé escapar la oportunidad de asociarnos para desarrollar la marca MoveProtection, dispositivo disuasor del robo de objetos personales que hemos desarrollado desde cero, y del que contamos con protección industrial vía modelo de utilidad.

Cierro el puzle empresarial con Uni2, agencia de marketing digital. Al menos por ahora. Seguramente habrá más inversiones y proyectos, a fuego lento. Se trata de una empresa en la que también invierto al talento de una joven e increíble compañera de viaje, Aida Pérez. Uni2 es una apuesta personal que me motiva especialmente y que se alinea con mi estrategia de aterrizar de forma contundente en el mundo de los negocios digitales en los próximos años.

Como dato anecdótico, he sido durante dos temporadas Consejero de un equipo de fútbol profesional, el Racing de Santander, equipo histórico de LaLiga española, de la mano de los accionistas principales, Alfredo Pérez y Pedro Ortiz, a quienes agradezco su confianza y el valioso aprendizaje de estos años.

Y finalmente, el 20 de Marzo de 2020 lancé al mundo APADRINA UN EMPRENDEDOR, una asociación sin ánimo de lucro creada en los primeros días del confinamiento por Covid19 en España, con el objetivo de ayudar al ecosistema emprendedor a encontrar un inversor y/o mentor, que les aporte luz para poder salir adelante en una época de las más duras que se conocen, tanto a nivel sanitario como económico. Se trata de un proyecto solidario que hemos creado con mucho cariño y al que invertimos todo el esfuerzo que podemos para verlo crecer, nuestro afán es hacer llegar recursos a cuantos más emprendedores.

Volvamos al libro "21 CONSEJOS PARA EMPRENDER UN NEGOCIO DE ÉXITO", o mejor dicho, comencemos la aventura.

Después del repaso general a mis andanzas profesionales, queda patente que llevo una prolija carrera de emprendimiento, con varios negocios en marcha, con resultados positivos desde el punto de vista económico, y con una mochila de aprendizajes a mis espaldas.

Cuando aterrizó en mi cabeza la idea de escribir este libro, desde el principio tuve claro que no quería un manual interminable de dirección empresarial, sino un libro directo, inminentemente pragmático, basado en frases cortas, fáciles de recordar, pero tremendamente profundas, potentes, dotadas de empaque real, basadas en mi propia experimentación, en mis aciertos, pero también en mis errores, en definitiva, en aprendizajes que me he grabado a fuego y que te quiero compartir.

Cada uno de los veintiún consejos vienen avalados por veintiún efemérides vitales en mi camino empresarial, veintiún lecciones de vida y crecimiento personal. Tiempo después de reposar la vorágine de cada batalla, en este libro plasmo la síntesis de los conocimientos de la forma más sencilla que me es posible comunicar, deseando puedas armar tu caja de herramientas personal con un escuadrón de aprendizajes poderosos, que te sitúen en una posición de privilegio cuando te debatas el cobre en la sana competición del mundo de los negocios.

2 REFLEXIÓN SOBRE EL ÉXITO

Seguramente te ha llamado la atención la palabra "éxito" en una posición tan protagonista como es el título del libro.

Antes de entrar de lleno en el meollo de la cuestión, los veintiún consejos, me gustaría abrirme en canal, evidentemente en sentido figurado, desnudar mi alma más profunda, y de algún modo transmitirte mi visión personal del éxito para que comprendas a qué se refiere esta dicotómica palabra en el título del libro, que a priori acarrea una interpretación tanto económica como emocional.

Comenzando por el final, el éxito desde una óptica emocional lo asocio a la plenitud que perseguimos las personas en términos globales de vida. Es habitual vincular el éxito a un hecho concreto como terminar una carrera universitaria, comprar una casa, un coche, formar una familia o ir de vacaciones. Sin embargo, después de muchos avatares sentimentales que no vienen al hilo de este libro, desde hace algún tiempo asocio el éxito a un camino, no a una meta concreta.

Me explico. Bajo mi punto de vista, la vida es una carrera de crecimiento personal progresivo, al igual que el emprendimiento. Aunque en nuestra cabeza tengamos retos a modo de metas, algunos sencillos y próximos, y otros mucho más complejos y a largo plazo, el verdadero éxito, la genuina satisfacción de vida, radica en lograr un equilibro de factores tal, que tu día a día sea pleno, independientemente de los problemas que puedan surgir y que también son parte importante de la ecuación, ya que sin momentos malos, no seríamos capaces de crear en nuestro cerebro la antitética imagen de la felicidad. Necesitamos contrastes para no caer en el ostracismo de la monotonía, esclavitud de la era moderna, carcelario estado de confort.

Puede que jamás llegues a alcanzar esa gran meta que te has fijado a largo plazo, pero siendo honestos, qué más da si realmente te has sentido realizado a lo largo del camino que has recorrido. En eso consiste para un servidor el éxito, en aprender a poner el foco de atención en el camino y en la gratificación de los pequeños detalles cotidianos.

Dicho esto, llevado el análisis al campo profesional, a los negocios, indudablemente disfrutar del camino implica que el negocio goce de salud, es decir, que sea rentable. Por supuesto se trata de una condición indispensable para poder vivir de nuestro emprendimiento, pero ojalá el éxito fuese tan sencillo como lo es medir la rentabilidad de una empresa, motivo por el que mis veintiún consejos no solamente aportan herramientas para alcanzar una cota adecuada de rentabilidad, sino para hacerlo con la máxima satisfacción emocional que sea posible, porque al final del día no es sencillo distinguir vida personal de emprendimiento, somos seres complejos, pero sobre todo, somos un único ser que late, respira y vive en permanente búsqueda de equilibrio.

Finalmente comparto una reflexión sobre la que trabajo personalmente desde hace un tiempo y que asocio de manera frontal con el éxito:

"Quien no es feliz con poco jamás será feliz con nada. Que tu ambición sea tu motor para crecer, para vivir la vida que quieres vivir, pero no para alimentar tu frustración"

En esta reflexión sintetizo una parte importante de los valores y mentalidad que considero debe tener un emprendedor, no se trata de dinero, no se trata de baños de masas, el verdadero éxito radica en la suma de los pequeños momentos cotidianos de paz interior, felicidad y armonía con los tuyos. Más allá está el sano ego, la pasión por crecer, ir un paso más lejos, la ambición por dejar un legado. Es una gesta increíble tan siquiera intentar cumplir tus sueños, pero no debes dejar que un exceso de ambición mal gestionada se convierta en frustración.

Quizá no sea la definición perfecta de éxito, pero a mí me late con fuerza y espero que a ti también pueda llegar a resonarte.

3 CONSEJOS EXPERIENCIALES

CONSEJO #1. EMPRENDE AHORA

"No esperes la perfecta alineación intergaláctica de los astros para emprender, el momento perfecto es ahora"

Me pregunto cuántos potenciales emprendedores con talento se ha perdido la humanidad porque nunca era el momento perfecto. Si realmente tu propósito de vida es emprender, pero no de boquilla, sino de verdad de la buena, mueve el culo, espabila, vida solamente hay una, no te conformes con el premio al mejor actor secundario si realmente tu verdadera vocación es ser el protagonista.

Pero antes de nada debes comprender qué implicaciones reales conlleva emprender, ya que en los últimos años he podido comprobar en primera persona en internet, sobre todo en las redes sociales, la vertiginosa proliferación de anuncios publicitarios despiadados de captación de ingenuos aspirantes a convertirse en nuevos millonarios, sin preparación alguna, sin apenas esfuerzo, y por supuesto, pudiendo ser dueño de tu tiempo, tu propio jefe y trabajar desde cualquier parte del mundo, si es que quieres trabajar, porque seguramente no sea necesario, ya que hay técnicas que te permiten ganar dinero pasivo mientras duermes. Y es que trabajar para ganar dinero no tiene el mismo mérito. Carroñeros digitales, vendehúmos sin escrúpulos.

Emprender es una palabra sexy, lo reconozco, quizá sea una parafilia poco común, pero he de confesar que tiene su punto de sana excitación emocional. Sin embargo hay muchas realidades que afrontar detrás del emprendimiento, no es un camino de rosas, montar un negocio y poder vivir de él implica tener una adecuada preparación, un compromiso omnipresente, pocas horas de sueño durante largos lapsos de tiempo, una difícil conciliación de la vida personal, lejos de lo que nos venden, capacidad para asumir riesgo, baja aversión a la incertidumbre, excelsa capacidad para la gestión de emociones, así como un largo etcétera de cualidades que no están al alcance de todos.

Por este motivo, te aconsejo que hagas un ejercicio de introspección personal, dedica el debido tiempo a hablar contigo mismo, con tu yo interior, y analiza si realmente anhelas este camino, porque debes saber algo, un emprendedor, un empresario de éxito, no es más que nadie, simplemente tiene una visión de vida diferente. La llamada zona de confort es paz y guerra en virtud de quién lo vive, si aun a pesar de lo que te he contado atisbas hostilidades, todo hace indicar que este es tu camino, en cuyo caso mi consejo es emprender hoy mejor que mañana.

Como puedes comprobar, no he hablado de la edad, del sexo, del estatus social, ni tampoco de si tienes o no familia. No esperes la respuesta que quieres oír, la populista, el famoso "nada importa", porque es falso. Todo esto importa, influye, puede que incluso sea determinante, pero jamás impide que puedas emprender si realmente es tu pasión.

En mis años de carrera profesional he sufrido los rigores de alguna de las anteriores situaciones, y he visto de cerca a otras personas de mi entorno luchando como titanes para romper las barreras de aspectos como la edad, no tener capital inicial o ser madres. Y por suerte todos ellos me han demostrado que si realmente llevas tatuada la palabra emprendedor en el alma, aun con mucho esfuerzo, puedes lograrlo.

Creo que es mi deber aconsejarte pasar a la acción si realmente lo tienes claro, pero con ciertos consejos en función de tu situación. Si por ejemplo estás trabajando en una empresa y tienes una familia a tu cargo, calma activa ante todo, busca el modo de compaginar tu emprendimiento con el actual sustento de tu familia, róbale horas al sueño durante el tiempo necesario hasta que realmente el riesgo de emprender no sea demasiado elevado.

Evidentemente si tienes 23 años, acabas de terminar los estudios, vives con tus padres y tu sueño es montar tu propio negocio, en este caso, qué decirte, lánzate con todas, si te estrellas tienes aun muchas otras oportunidades para volver a intentarlo, tu situación es perfecta. Y viceversa, si tienes 50 años, ostentas un cargo directivo y cuentas con un buen colchón de ahorros, pero tu espina clavada es poder ser libre de acción y decisión, no esperes más, date el gustazo, siéntete joven y gózalo los últimos años de tu carrera, forja un legado más allá del patrimonio que has podido generar trabajando por cuenta ajena y siéntete orgulloso de ti mismo.

Y finalmente repito, si después de entender qué implica emprender consideras que esto realmente no es para ti, mantén la cabeza alta y persigue igualmente tus sueños, ya que soñar no es cosa de emprendedores, todos somos humanos, sentimos y latimos del mismo modo, y al final del cuento llamado vida, tan solo trasciende el tiempo que hemos logrado sentirnos plenos.

CONSEJO #2. EMPRENDE POR UN PROPÓSITO

"Emprende por un propósito, emprende por pasión, emprende sin buscar el resultado económico fácil y rápido, emprende disfrutando de todas las fases del proceso, emprende con honestidad"

Muchos emprendedores cometen un error fatal de concepto en sus comienzos, enfocándose única y exclusivamente en ganar dinero, al poder ser mucho, muy rápido, y al amparo de la ley del mínimo esfuerzo, posiblemente influenciados por un chorreo inagotable de anuncios publicitarios de falsos gurús, expertos de la manipulación mental más ruin y deleznable, que infestan Facebook, Instagram, TikTok y YouTube de un "lifestyle" de multimillonarios cutres, machistas, carentes de todo tipo de clase y de valores, prometiendo que tú también puedes ser él si emprendes con su método, o si le compras un máster evidentemente fraudulento.

Por este motivo es capital emprender por un propósito concreto y honesto, ya sea ayudar a la sociedad, poder elegir libremente la forma de ganarte la vida, desarrollar un proyecto que radica en una pasión personal, o sencillamente, porque anhelas poder desarrollar tu actividad profesional desde cualquier parte del mundo, sin horarios rígidos y sin un jefe al que reportar resultados. Todo ello cimentado en una sólida base de valores y principios fundamentales.

Otro de los errores habituales de muchos emprendedores hace alusión a los grandes objetivos, las metas lejanas, que muchas veces son inalcanzables. Soy de los que piensa que el emprendimiento al igual que la vida es una carrera de crecimiento sostenible, una maratón de ultrafondo en donde debemos interponernos pequeños retos a corto plazo, sin perder la perspectiva de la meta, pero sabiendo que la meta es solamente eso, una línea que se cruza y no supone más que un instante.

Lo realmente relevante es darse cuenta que la vida, o el emprendimiento en este caso, es una sucesión de múltiples instantes y en nuestra mano está aprovechar al máximo todos los momentos posibles para encontrar ese punto de satisfacción que de algún modo nos haga sentir vivos y que a su vez nos aporte ese extra de energía que nos alimenta la motivación necesaria para seguir soñando con esa gran meta, pero sin comprometer la felicidad del momento.

Sentar unas bases sólidas de tu emprendimiento está plenamente en tus manos. Siéntate delante de un papel en blanco y escribe tu propósito, tus valores, tus metas a corto plazo, la visión a futuro. Tacha tantas veces como consideres oportuno, no es un ejercicio sencillo dar con la tecla a la primera, dedícate tiempo para conocerte, busca espacio para la introspección personal, debes entender qué clase de persona eres, qué visión de vida tienes, y con todo ello, vuélcalo en la incipiente hoja de ruta de lo que puede ser tu emprendimiento. Disfruta de cada instante, está en tu mano hacer que sea especial y único.

Es posible y totalmente deseable que tu propósito y visión evolucione con el paso del tiempo, la madurez nos confiere nuevos matices, y el contexto nos inspira en nuevas direcciones. En mi caso personal emprendí sin pensar en un propósito concreto, visto desde la distancia entiendo que mi motivación era puramente la del crecimiento profesional, llegar tan lejos como fuese posible como ingeniero. Años después compré un chalet, tuve familia, y mi prioridad durante un tiempo fue incrementar mis ingresos para gozar de un status mayor, ley de vida como suele decirse, pero siempre manteniendo mi inicial pasión por el crecimiento de mi carrera, pero ya no como ingeniero, sino como empresario.

En los últimos años he notado que mi propósito ha vuelto a evolucionar, se ha enriquecido con una nueva visión que me apasiona, la posibilidad de dejar un legado que de algún modo haga sentido a mi paso por esta vida, lo que incluye un largo listado de ideas en mi cabeza de diversa índole, entre las que se encuentra precisamente este libro, digamos que es un pequeño sendero más en mi camino.

También me hace ilusión ver crecer a fuego lento el canal de YouTube en el que comparto contenido gratuito para emprendedores. La asociación sin ánimo de lucro APADRINA UN EMPRENDEDOR, ojalá sea muy grande y pueda ayudar a muchos emprendedores.

Pero hay muchas ideas más, algunas muy personales, otras a nivel de inversión, más lo que está por venir, sigo creciendo cada día.

CONSEJO #3. GESTIONA TUS MIEDOS

"Los grandes sueños están detrás de los mayores miedos. Cablea tu mente para que tus miedos se conviertan en tus motivaciones"

Cuanto más complejo es el reto, más satisfactoria es la recompensa. Esto es así, ley de vida, motivo por el que los emprendedores solemos soñar en grande, se trata de la cara buena del disco, la música perfecta, acordes idílicos, pero después llega la cara oscura, la del papel en blanco, la soledad intelectual, la de los imposibles, el guion de una película de terror en la que somos inesperados protagonistas.

Me he dado cuenta que emprender es en sí mismo una dicotomía altamente contraintuitiva, seguramente lo estés sufriendo en tus carnes, lo hayas hecho, o esté por llegar. Pero cuando por fin llegas a entender el juego, cuando tu mente logra asimilar que no existe cara buena y cara mala, sino que somos nosotros con nuestras creencias limitantes los que vemos la única realidad tácita con distintos estados emocionales, en ese momento, los arcaicos miedos se transforman como por arte de magia en acicate de motivación y fortaleza.

La mentalidad es un pilar muy importante cuando afrontamos el camino del emprendimiento. Una vez se tiene constancia de ello, es posible comenzar un proceso de crecimiento introspectivo que nos permita madurar nuestra mentalidad emprendedora hasta lograr dominar las emociones, canalizándolas en forma de motivación, hambre y fortaleza para desafiar los nuevos retos.

Cablear la estructura sináptica de nuestros cerebros no es tarea baladí, es difícil lograrlo en un fin de semana de autoterapia, posiblemente te ocupe un largo camino lograrlo, quizá toda una vida, pero lo realmente relevante es que entiendas cuál debe ser tu camino, y trabajes desde ahora en ampliar tu capacidad como emprendedor, para que tus miedos, paulatinamente se tornen en motivaciones.

Me gustaría hacer una llamada a la prudencia, no quiero que interpretes este consejo de la forma inadecuada y te acabes lanzando a la piscina sin saber si hay agua, ya que el golpe puede dejarte muy diezmado. Es importante comprender la idea central, que repito una vez más, consiste en la necesidad de trabajar de forma específica y debidamente planificada sobre la mentalidad para lograr adquirir un estado de fortaleza tal, que te permita asumir el ascenso de cotas cada vez más elevadas.

Pero no quiere decir que nos creamos capaces de todo en un acto de autoconvencimiento no consolidado y salgamos a la aventura sin haber completado un trabajo previo que nos confiera ciertas garantías de éxito. Por este motivo, mi consejo radica en entender la necesidad, trazar una hoja de ruta para fortalecer nuestro yo interior, trabajar diariamente en ello y de forma progresiva asumir cada vez retos más complejos, peldaño a peldaño, sin pretender acometer un salto al vacío.

Llegará un día en el que sin darte cuenta, los viejos miedos se habrán transformado en fortalezas, y aparecerán nuevos miedos emergentes, que lejos de bloquearte, deberán estimularte para seguir creciendo y alcanzando sueños.

CONSEJO #4. CONFÍA EN TUS FORTALEZAS

"Confía tanto en tus fortalezas hasta que no tengas miedo en exponer tus debilidades"

Cuando empezamos en el mundo de los negocios nos creemos débiles, frágiles, inexpertos, vulnerables, y una larga retahíla de calificativos poco halagüeños. Y posiblemente tengamos razón. Pero eso no quiere decir que sea algo malo, ten en cuenta que todos empezamos verdes, la diferencia y clave fundamental del éxito radica en la mentalidad con la que afrontamos el excitante periodo de maduración. El factor común del ser humano es la ignorancia infinita. Ser un aprendiz en constante búsqueda de conocimiento es la actitud del verdadero emprendedor, así es como me considero cada madrugada.

Para que te hagas una idea de la relevancia que esta afirmación tiene para un servidor, he de confesar que actualmente es la frase de mi estado de WhatsApp, una auténtica declaración de intenciones para tripulantes ávidos de crecimiento.

Debes encontrar tus fortalezas, que las tienes, todos las tenemos, aprende a tratarte bien, a darte el cariño que mereces, y sobre todo, pon tus puntos fuertes en valor, y no me refiero de cara al mundo, eso llegará de forma natural, sino de forma interna, debes interiorizar y sentirte confortable contigo mismo, con lo que eres y puedes ofrecer a los demás. Créete fuerte y capaz, porque lo eres, no en todo, está claro, pero no olvides que todos somos expertos de casi nada y aprendices de prácticamente todo.

No ocultes ni endulces lo que eres, ni a ti mismo ni al

prójimo, no vendas una versión adulterada de tus fortalezas, recuerda que el mercado compra historias auténticas, genuinas, aprende a ser feliz y sentirte seguro con tus fortalezas, y no te hagas jamás de menos por la humana consecuencia de tener debilidades.

Puede que al principio te resulte complicado entender todo esto que con esmero trato de transmitirte, tampoco pretendo que te tortures si ves el tiempo consumirse y te ocupa años dominar el arte de quererte de forma sana, es normal, nuestro cerebro a menudo se hace trampas jugando al solitario, nos boicoteamos a nosotros mismos y nos vemos con peores ojos de lo que realmente deberíamos. Sencillamente trabaja para estar cada día más cerca de sacarle pecho al mundo y decir con cinematográfica contundencia, aquí estoy yo, que tiemble el Universo.

Recuerda que el emprendimiento, al igual que la vida, es una carrera de fondo, el proceso de crecimiento jamás es inmediato, sino progresivo, con ciertos altibajos puntuales. Respira paz cuando lo necesites, escúchate, admírate, y prosigue tu camino.

CONSEJO #5. PON EL 100% DE TUS SENTIDOS

"Pon el 100% de tus sentidos en aquello que haces en cada momento, solo así lograrás resultados excelentes"

Los emprendedores somos mentes inquietas, no hemos comenzado a trabajar sobre una idea y ya tenemos una pléyade de vocecitas anunciando nacientes motivaciones que nos distraen y alejan del camino principal.

Te confieso en voz baja que a día de hoy, sigo luchando conmigo mismo para lograr enfocarme en aquello que realmente me va a permitir alcanzar resultados en cada momento. Mi cabeza es un vergel creativo de ideas infinitas, sinergias entre empresas, entre líneas de negocio, entre estrategias de venta, entre personas, y entre prácticamente todos los elementos de la tabla periódica.

Lo que tengo claro cristalino es que debes encontrar herramientas que te permitan acometer cada tarea de forma totalmente aislada a nivel de distracción mental del resto de factores, debes lograr enfocarte con plenitud de sentidos en aquello que estás haciendo en cada momento.

Es posible que tengas encima de la mesa varias tareas importantes, y cada una de ellas deberá contar con su espacio y tiempo para que puedas desarrollarlas con eficacia, pero si no eres capaz de lograr este estado de hiper foco unitario, lo más probable es que al final del día no hayas logrado cerrar ninguna tarea, lo que a buena cuenta derive en frustración, mal humor e incluso ansiedad.

Debes comprender que si todo es urgente, en la práctica, nada es importante, ya que otorgar un mismo estatus de prioridad a múltiples tareas, es lo mismo que no priorizar.

Por este motivo, te aconsejo ser un emprendedor ordenado, no cargues toda la responsabilidad en tu memoria, utiliza una libreta, digital o virtual, y anota otras tareas pendientes, nuevas ideas, lo que sea, regístralo fuera de tu mente para poder acudir más tarde a consultar, pero no te desvíes de la ruta que realmente te conduce al camino de la eficacia y la eficiencia, en definitiva, de la excelencia.

CONSEJO #6. RODÉATE DE PERSONAS SANAS

"Rodéate de un círculo de personas sanas que realmente te aporten valor, estén dispuestas a crecer y a intercambiar experiencias. Igualmente dales tanto como esté tu mano para que podáis crecer juntos"

Es habitual que muchos emprendedores comiencen en solitario su andadura profesional, máxime en el caso de los emprendedores digitales, ya que generalmente encajan en el perfil del especialista que explota una habilidad diferencial a través de la comercialización de productos o servicios en internet, desde su casa, en la soledad de una habitación.

Mi humilde consejo es que no caigas en el ostracismo de la soledad emprendedora, no seas un Quijote batallando contra gigantes de viento. No quiero decir con esto que debes sí o sí aliarte con otros socios. Tampoco significa que debas tener un equipo de personas empleadas para tu causa.

Sencillamente debes estar abierto a comunicarte con otras personas, aportarles valor, y también aprender de ellas, escuchar a los demás, nútrete de otras experiencias, y por supuesto, se crítico con todo lo que te llega al cerebro, ya que no hay recetas mágicas en el emprendimiento, lo que a otros les ha servido, a ti no tiene por qué serte útil, o mejor dicho, es posible que debas encontrar el elemento diferencial que te permita aplicarlo a tu caso, y eso depende de ti. Si aportas valor de forma generosa, recibirás lo mismo.

Pero también te invito a explorar nuevos horizontes. En mi experiencia personal resulta apasionante viajar en compañía. No cierres la puerta a asociarte con una persona que te aporte valor en altas dosis, no tenéis por qué ser iguales, lo óptimo es que seáis complementarios y sinérgicos, pero debéis coincidir en valores y visión estratégica para no friccionar y acabar echando chispas.

También te invito a rodearte de un equipo de trabajo, céntrate en formarles, motivarles, inculcarles el ADN de tu emprendimiento. Logra que sientan la empresa como algo propio y piensa siempre en su bienestar antes que en el tuyo, porque un emprendedor cuando crece, sin su equipo no es nada. El éxito del buen líder radica en lograr que una parte importante de su equipo terminen por convertirse en intraemprendedores, en ese momento habrás logrado multiplicar la fuerza bruta de tu negocio hasta cotas insospechadas y estarás en la rampa de lanzamiento para ser imparables.

El emprendimiento es una carrera de crecimiento personal y empresarial. Cuida con mimo hasta el último detalle con los tuyos para alcanzar eso que solemos llamar sueños, y no olvides que sin el adecuado equipo humano es posible que te conviertas en un pordiosero de los negocios y un esclavo de tus aspiraciones.

CONSEJO #7. EMPRENDE EN COMPAÑÍA

"Si emprendes solo, podrás ir más rápido, pero en compañía llegarás más lejos, y posiblemente más feliz"

Hay emprendimientos de todos los colores, y no hay uno mejor que otro. Mi primera empresa la puse en marcha con cuatro socios más. Resultó ser multitud. También he emprendido solo, quizá demasiado. Y por supuesto, también he probado el temple del punto medio, emprender con mi media naranja profesional de la mano, ni muchos ni pocos, ni frío ni calor.

Lo que es un hecho constatado, probado y experimentado, es que emprendiendo solo, la agilidad en la toma de decisión es brutal, acción y reacción. Pero también me he encontrado emprendedores en el camino que aun a pesar de navegar solitarios, no acababan de ser capaces de dar pasos, las decisiones les atormentan y ni tan si quiera han sido capaces de aprovechar esta ventaja competitiva que te brinda la opción de hacer la guerra por tu cuenta.

Al otro lado está la opción de emprender con socios. Tal como he comentado, en mi primera empresa fuimos multitud, las decisiones se volvieron cruzadas y al final estalló la bomba nuclear.

Posiblemente en el punto medio está la virtud. En la mayoría de mis empresas cuento con socios que netamente aportamos mucho más que la simple suma de las partes a nuestro emprendimiento común. Sinergia en estado puro.

Cuando emprendes un negocio, es preciso llevar a cabo un ejercicio de reflexión más importante de lo que pueda parecer en primera instancia. Qué buscamos, cuál es nuestro objetivo real. Rapidez o desarrollo en el tiempo.

Ten en cuenta que emprender en compañía, siempre y cuando sea la adecuada, claro está, te va a conferir el poder de alcanzar cotas más altas. El factor equipo es muy importante para alcanzar a pensar fuera de los límites. Cada socio cuenta con una experiencia propia que enriquece en matices las capacidades del resto de los socios, y ese bucle constructivo crece conforme se hace mayor el negocio, motivo por el que el halo de afectación positiva es exponencial.

En un rincón no menos importante está el factor humano. Los emprendedores tenemos altibajos emocionales, no en vano estamos expuestos a demasiados estímulos externos que afectan de forma directa a nuestro bienestar personal, a lo que se suma que nuestro emprendimiento constituye además la forma con la que nos ganamos la vida.

El negocio se convierte pues en un hijo más. Y cuando un hijo se cae y se hace una herida, a los papás nos duele en el alma, lloramos y sufrimos tanto o más que ellos, que muchas veces se reponen en cuestión de segundos sin mayor consecuencia real, pero nuestra tristeza agónica infundada se prolonga en el tiempo.

Poder contar con un aliado incondicional, un hermano en el que apoyarte para superar los malos momentos, créeme, no tiene precio. Y viceversa, en los momentos de éxito, la diferencia entre celebrar solo, o poder compartir altas dosis de adrenalina con tu media naranja profesional, qué decir, inconmensurable brecha posiblemente inalcanzable.

Y ojo, no confundir con la familia, con la que por supuesto también celebramos los buenos momentos, pero a decir verdad, salvo que emprendas con tu pareja, es muy difícil igualar la complicidad y el vínculo profesional que tienes con un socio, ya que solamente él sabe entender lo que sientes por dentro, las emociones que recorren la mente de un emprendedor cuando hay un motivo para celebrar, que viene precedido de cientos de batallas silenciosas para poder alcanzar ese clímax único.

Y finalmente, extrapolar la idea del socio compañero de viaje, con el equipo de personal que puedas ir formando en tu negocio. Es indudable que un socio es el gran cómplice, pero tu gente, tu equipo, son parte fundamental de los resultados que puedas cosechar, lo son todo, y ellos también son parte activa de esos momentos de euforia memorables que crean vínculos increíbles.

CONSEJO #8. APROVECHA LAS OPORTUNIDADES

"Hay oportunidades que solo pasan una vez en la vida. Si crees que es tu oportunidad, vuélcate con todo, da lo mejor de ti y disfruta con el reto"

Aviso a navegantes intrépidos, esta frase no significa que te tires a las vías del tren, que te agarres a cualquier clavo ardiendo, lo que realmente quiero decir es que debes tener los cinco sentidos a flor de piel para detectar oportunidades, y una vez tengas claro que puede ser tu ola, te subas a la tabla con energía para surfear al máximo nivel.

Si me preguntas acerca de qué habilidades considero importantes para convertirte en un emprendedor de éxito, sin duda una de las más relevantes para mí es la capacidad de detectar oportunidades.

No creas que se trata de algo sencillo. La vida real, el mundo de los negocios, está contaminado por un ruido de fondo cuasi permanente que muchas veces nos despista, nos hace tomar decisiones con unas lentes que distorsionan la realidad y nos llevan a resultados perniciosos.

Desarrollar la capacidad crítica de detectar verdaderas oportunidades precisa de mucha experiencia, pero no se trata de algo que debas confiar al constante discurrir del tiempo, sino que debes trabajar de forma proactiva para lo que te recomiendo ser tremendamente curioso, bucea en internet para estar al día de lo que ocurre en tu sector a nivel internacional, explora artículos de investigación, tesis doctorales, fíjate en lo que hacen las multinacionales más poderosas, establece relaciones con otras personas que puedan aportarte información y/o puntos de vista diferentes al que tú tienes, escucha al mercado, al Universo, e incluso escucha el silencio.

En definitiva, establece una operativa sistemática de vigilancia tecnológica, interiorízalo como una tarea más dentro de tu emprendimiento, solo de este modo podrás estar al día de las últimas tendencias, y a partir de ahí, arriesga sobre el papel, atrévete a llevar a cabo una prospectiva tecnológica, que consiste en jugar a adivinar cuál es la siguiente evolución, qué es lo próximo. Aprende a sentirte cómodo siendo la punta de lanza, de esta manera desarrollarás un tremendo olfato para entender cuándo una oportunidad es verdaderamente relevante para ti.

Una vez tengas claro que esta oportunidad es la tuya, mente en blanco y el foco puesto en dar lo mejor de ti para salir airoso, evita distracciones, incertidumbres autoinfligidas. Ya está, ya decidiste que quieres lanzarte a esta aventura, no caben dudas, la decisión está tomada, así que la mirada al frente y a por todas.

Tampoco te dejes eclipsar por las potenciales inclemencias que surjan en el devenir del episodio, es posible que existan, es lógico y normal, las oportunidades debemos asociarlas con navegar fuera del estado de confort y puedes sentir cierto vértigo, pero una vez más te recomiendo que te dejes llevar y disfrutes del viaje, solo así podrás darle sentido a la vida de emprendedor que has decidido adoptar.

CONSEJO #9. DESARROLLA TU POTENCIAL

"Descubre tu potencial, enfócate en desarrollarlo al máximo y complementa tus capacidades con un equipo humano excepcional"

Existen muchos tipos de emprendedor, los hay creativos, de esos que tienen ideas por doquier. Los hay cinéticos, aquel emprendedor que agarra la idea y la lleva rápidamente a la práctica. Los emprendedores visionarios, aquellos que detectan a kilómetros de distancia las oportunidades de negocio. Está el perfil del comercial, ese emprendedor con don de gentes, típico relaciones públicas que comunica, conecta y vende casi sin despeinarse. También está el especialista, el experto técnico en una materia concreta que desarrolla su trabajo como nadie. Está el analítico, el estratega, el malabarista de los números y las hojas de ruta. Y finalmente está el falso emprendedor, aquel que no tiene ninguna de las anteriores capacidades, pero que quiere emprender en una quimérica concepción de ganar mucho dinero, ser dueño de su tiempo, no tener jefe, y no pegar un palo al agua.

Es muy importante que sepas entender qué tipo de emprendedor eres, cuál es tu verdadero potencial. Es posible que incluso tengas varios y puedas desarrollarlos de forma conjunta, pero sobre todo, abandona ahora mismo la idea de convertirte en un superhéroe del emprendimiento, asume que ni puedes, ni debes ser un experto en todo, o acabarás dilapidando tus expectativas de crecimiento.

En mi caso personal, las habilidades que más desarrolladas tenía cunado emprendí eran la creatividad y la de especialista. Con el paso del tiempo he evolucionado y actualmente mantengo la parte creativa, he abandonado completamente mi rol de especialista y he potenciado mi papel como visionario y comunicador.

Por otra parte, debes tener claro que tu potencial a día de hoy, no es más que una cota de partida sobre la que cimentar tu crecimiento. Es responsabilidad tuya encontrar la forma de desarrollar al máximo exponente tus habilidades, el camino y método a seguir dependerá de muchos factores tales como el tipo de habilidad que deseas potenciar, el punto de partida actual, así como la velocidad de enriquecimiento que deseas aplicar al proceso de crecimiento profesional.

Como toda empresa, tu emprendimiento debe contar con un equilibrio de capacidades complementarias y sinérgicas, motivo por el que deberás apoyarte en un equipo de compañeros de viaje que te aporten la mezcla perfecta.

Cuando hablo de compañeros de viaje me refiero indistintamente a posibles socios y/o empleados. Reconozco que me cuesta pronunciar esta palabra, no me identifico en absoluto con ella, me evoca al gran jefe autocrático que tiene trabajadores subordinados a su cargo, motivo por el que prefiero utilizar el término compañeros. Como deportista que he competido varios años en ciclismo, me identifico mucho más con la idea que transmite el escritor y ex ciclista profesional Luis Pasamontes en su obra "El liderazgo del gregario", y es que la fuerza de un negocio recae en el sumatorio de aportaciones del equipo, independientemente de quién gobierna el barco. Ahí lo dejo.

Persigue armar un equipo excelente, no caigas en el error de coleccionar grandes individualidades, precisamente debes buscar la mezcla de competencias que en conjunto den lugar a la excelencia.

Tampoco busques una armada de clones. Si a todos se os da bien concebir ideas, quién hace la estrategia, quién desarrolla el trabajo, quién vende. En la variedad debidamente imbricada está el secreto.

Y finalmente, ya que hemos hablado de la importancia capital del equipo, no olvides elaborar una propuesta de valor de crecimiento dentro de la empresa.

Lo mismo que elaboras una propuesta de valor de tus productos y/o servicios para poder vender a tus clientes, debes hacer lo propio para vender tu empresa al capital humano, ya que solamente de este modo lograrás dotar de alma a tu negocio, la excelencia real se consigue en el momento en el que el equipo se siente identificado con tu causa, siente suyo el logotipo y los colores del negocio.

Y no es sencillo lograrlo, pero debes poner todo lo que está en tu mano para estar todo lo cerca posible de alcanzar este bonito e inspirador reto.

Debes elaborar una atractiva propuesta de crecimiento dentro de la empresa, debes perseguir e inocular el deseo colectivo de luchar por metas retadoras cada vez más altas, debes incentivar y estimular el pensamiento proactivo de tu equipo, y por supuesto, debes recompensar y premiar como es menester, cuando consideres que es preciso.

CONSEJO #10. ESTABLECE ALIANZAS ESTRATÉGICAS

"Establece alianzas estratégicas a largo plazo para crecer. El secreto radica en aportarse valor añadido bidireccional"

Una empresa no es una isla desierta, se trata de un ente vivo afincado en un entorno dinámico en constante cambio evolutivo, que entabla relaciones no solamente con el equipo humano de forma interna, sino también con el exterior.

Es muy importante armar una buena cartera de amistades profesionales, en analogía al concepto de la amistad personal. En el argot de los negocios se hace alusión a colaboradores externos o alianzas externas. Me gusta no obstante denominar a estos amigos de lo profesional, alianzas estratégicas, pero no se trata de darle un calificativo en alarde al postureo, sino que se trata de un concepto de relevante enjundia que debes comprender y aplicar.

Una alianza estratégica es mucho más que un mero colaborador, se trata de una prolongación adicional de tu empresa, un hermano y amigo, un pacto de sangre a largo plazo, el cortoplacismo no tiene cabida en este tipo de relación, son alianzas a largo plazo, casi incondicionales.

El secreto para lograr el mutualismo perfecto radica en la aportación de valor agregado bidireccional de forma sincera y honesta.

Contar con alianzas estratégicas es muy importante para llegar a sitios a los que te constaría mucho tiempo si lo intentas por ti mismo, o incluso en ocasiones se trata de lugares totalmente inaccesibles. Y viceversa, piensa en la cantidad de puertas que diariamente están abiertas de par en par para tu negocio y que con un simple WhatsApp o llamada telefónica a la persona indicada, tienes la capacidad de sentar en esa silla a uno de tus aliados, ahorrándole un esfuerzo titánico.

Las alianzas estratégicas también nos permiten acometer proyectos conjuntos en los que complementamos y potenciamos las capacidades individuales, esto nos permite abordar nuevos retos más elevados y complejos a nivel profesional.

En definitiva, una buena alianza estratégica nos brinda una oportunidad de oro para acortar el camino del crecimiento enriquecido de tu emprendimiento. Compartir es vivir, y vivir es crecer. Hacerlo de la mano de las personas adecuadas es una experiencia apasionante.

En mi caso, mantengo una relación especial con varios aliados, alguno me acompaña desde el comienzo de mi carrera profesional, otros han ido llegando a lo largo del camino, y estoy seguro que quedan unos cuantos por descubrir.

Por supuesto se han sucedido bajas, mi camino no está limpio de decepciones, reconozco que ha habido alianzas que consideraba de mi familia y que finalmente me han acabado dando la puñalada por la espalda. No juzgo, si eres uno de ellos y me estás leyendo, te deseo lo mejor.

En sumatorio, resulta gratificante comprobar que con el paso del tiempo nos hemos asociado con alguno de nuestros más íntimos aliados en empresas conjuntas. Prueba máxima de nuestra relación. Repito lo dicho, compartir es vivir.

CONSEJO #11. TOMA DECISIONES

"La peor decisión es la indecisión. No procrastines tomar acción o condenarás tus opciones de crecimiento"

La toma de decisiones es inherente a la existencia del propio negocio. Se trata de un hecho cotidiano, constantemente afrontamos decisiones, algunas rutinarias, sencillas, de acción-reacción, y otras más complejas, pausadas, sujetas a un análisis pormenorizado.

A nivel empresarial las decisiones se pueden clasificar como estratégicas, tácticas y operativas. Las decisiones estratégicas son aquellas que afectan al largo plazo del negocio, suelen ser importantes y requieren de un análisis detallado, las decisiones tácticas hacen alusión al medio plazo, suelen tomarse por los mandos intermedios y las operativas son prácticamente decisiones cotidianas del día a día, generalmente de poca enjundia.

Muchos emprendedores pecan de indecisos, giran cual peonza en torno al problema sobre el que deben plantear una solución y en consecuencia tomar acción. La inmovilidad es un perverso enemigo del emprendedor.

Graba a fuego que el tiempo es el recurso más valioso de tu emprendimiento, y por supuesto, de nuestras vidas. Se trata del único recurso que no podemos recuperar.

A nivel empresarial solemos hablar del coste de oportunidad que implica la indecisión, y hace referencia al potencial dinero que has dejado de ingresar por el mero hecho de dedicar tus valiosas horas a una gesta que no te ha reportado beneficio alguno, ya que en el caso de una toma de decisión insatisfecha, es evidente que no obtenemos nada positivo.

Cierto es que tomar una mala decisión también puede llevarnos a una situación poco ventajosa, en ocasiones asociada a pérdidas económicas. Bien, esto es así. Ojo, el coste de oportunidad de la indecisión son también pérdidas. La diferencia es que en este caso, la decisión tomada y errada nos da pie a experimentar un aprendizaje que puede ser muy valioso de cara al futuro, motivo por el que siempre recomiendo tomar acción.

Y si tienes demasiado vértigo, quizá signifique que aún no estás preparado para afrontar según qué decisiones, en cuyo caso te recomiendo declinar con contundencia una decisión que implique demasiado riesgo, sin invertir más tiempo baldío dándole vueltas una y otra vez. Ya habrá una nueva ocasión más adelante, quizá estés más preparado y tu tiempo de análisis realmente merezca la pena en ese instante, pudiendo sacar un rédito a la operación.

Lo que te recomiendo es dotar a tu negocio de herramientas y procedimientos que sistematicen y agilicen los procesos de decisión, ya que a la larga las ganancias marginales que puedas experimentar fruto de una mayor eficiencia en la praxis operativa, te aportarán una ventaja diferencial con respecto a la competencia directa.

Por ejemplo, para las decisiones menores, es interesante disponer de un procedimiento interno que relacione causas con efectos, y te pongo un ejemplo sencillo. Si se está acabando la tinta de la impresora, inmediatamente tu equipo realizará un pedido al proveedor habitual, no tiene sentido esperar a que se acabe, y menos aún invertir tiempo en pedirte permiso para ver si pueden o no ejecutar esta operación.

Para decisiones más complejas, te aconsejo llevar a cabo un análisis multicriterio que te aporte un automatismo parcial en el proceso. Nosotros utilizamos hojas Excel para llevar a cabo este análisis multicriterio y lo aplicamos a decisiones relacionadas con el emprendimiento de proyectos de I+D+i (investigación, desarrollo e innovación) internos, valoración y selección de ideas para abrir nuevas unidades de negocio, detección y clasificación de concursos públicos a los que potencialmente vamos a presentarnos, etc.

Evidentemente hay decisiones todavía mucho más complejas, para lo que en ocasiones nos apoyamos incluso en expertos externos que nos aportan información de calidad y experiencia específica.

CONSEJO #12. BUSCA MENTORES

"Busca mentores que te permitan incrementar la amplitud de tu visión estratégica. Si otros lo han hecho, tú también puedes lograrlo"

Un mentor es una persona que ya ha recorrido un determinado camino que tú aspiras a recorrer, del que puedes extraer valiosas pepitas de oro en forma de aprendizajes condensados, consejos prácticos lanzados con precisión quirúrgica al centro de la diana, sabia experiencia en vena, que te confieren la posibilidad de recorrer tu propio camino de forma mucho más veloz, e incluso te dotan de herramientas para alcanzar cotas más altas de las que a priori aciertas a ver.

A lo largo de mi carrera profesional he tenido varios mentores que me han aportado el conocimiento preciso para transformarlo en crecimiento exponencial. De hecho, puedo afirmar con toda seguridad que ahora mismo estoy escribiendo este libro de emprendimiento, gracias a que un día se cruzó en mi vida una persona especial, Francisco Ballester, a quien considero mi primer gran mentor empresarial, él fue el artífice de mi cambio de mentalidad, me inoculó el sano veneno del inconformismo, la creación de riqueza, el emprendimiento por bandera, y es que en mi época de estudiante jamás pensé en crear mi propio negocio.

Siempre he visto a los mentores como esas personas que en su momento les tocó lidiar con batallas de todos los colores, sudando sangre han logrado entender los secretos del apocalíptico laberinto mental en el que los emprendedores deambulamos en momentos concretos, han sido capaces de dominar el arte de obtener resultados en escenarios más elitistas y excelsos, y finalmente, cuentan con la capacidad necesaria para transmitirnos la precisa síntesis a modo de resumen ejecutivo de una densa novela que tardaríamos años en comprender por nosotros mismos, ergo, valen su peso en oro.

Un buen mentor nos puede aportar herramientas puntuales tan potentes, que nos confieren el poder de enfrentar nuestros negocios a ciclos cortos de hiper crecimiento acelerado, tanto a nivel cualitativo como cuantitativo.

Es muy importante detectar quién o quiénes pueden llegar a ser buenos mentores para nosotros, ya que no todos están alineados con un conocimiento y experiencia acorde a nuestras necesidades reales. También es importante discernir quién realmente ha recorrido un determinado camino, de la manada de vendehúmos que se han subido a la moda del emprendimiento en internet, y que inundan las redes sociales de publicidad carente de toda ética y moralidad, endulzando los oídos con promesas inalcanzables, con el único objetivo del lucro rápido, en detrimento de los más débiles y necesitados.

No es trivial elegir un mentor, de hecho, muchas veces los mejores mentores no son aquellos que se anuncian como tal en las redes sociales, sino que se trata de personas anónimas, totalmente ajenas a internet, con una experiencia y un recorrido forjado en el fragor de la batalla en la vida real. Me atrevo a decir que el mejor mentor puede llegar a ser alguien que no se reconoce a sí mismo como tal, sencillamente es una persona que te aconseja siempre y cuando le hagas las preguntas adecuadas y del que puedes extraer valiosos aprendizajes.

También encontramos mentores en los libros. Muchos autores cuentan con una experiencia profesional que no te la acabas, y por la motivación que fuere, han tenido a bien compartir parte de su vida en forma de libro. Se trata de mentores pasivos, en el sentido que no tienes una relación directa con ellos, lo mismo ocurre con los contenidos que puedas consumir en los medios de comunicación e internet en formatos como entrevistas, podcast, o por qué no, creadores de contenido que utilizan las redes sociales como canal de difusión y que también pueden ser un buen mentor.

Respecto al dilema de pagar o no pagar para tener acceso a un determinado mentor, personalmente creo que ambas opciones son igual de válidas y plenamente complementarias. Hay personas que tienen una facilidad innata para establecer conexiones y rápidamente son capaces de entrar en la órbita personal de estos potenciales mentores, pero la mayoría de las personas no tienen esa habilidad y no les queda otro remedio que acudir a libros y otros contenidos de difusión libre, por ende, conocimiento generalista, sin capacidad de interlocución directa, o finalmente, pagar a un experto que esté dispuesto a dedicar su tiempo y experiencia.

En definitiva, invertir en capacitación intelectual con el mentor adecuado, puede convertirse sin lugar a duda en la inversión con mayor retorno en términos de rentabilidad económica y empoderamiento emocional que puedas acometer en tu vida. La frase adecuada en un instante perfecto en el marco de una conversación de una hora con tu mentor, puede cambiarte la perspectiva por completo y llevarte a la obtención de resultados insospechados.

CONSEJO #13. TRANSFORMA IDEAS EN REALIDADES

"Las ideas al aire no valen nada, esfuérzate por transformarlas en realidades y haz que lleguen a la sociedad. El mercado no compra ideas, compra proyectos tangibles, realidades"

Existe una oleada de nuevos aspirantes a emprendedores que basan sus expectativas de éxito en la obtención rápida y fácil de capital, derivado de la puesta encima de la mesa de negociación de un chorreo de ideas carentes de contenido. Otros sin embargo no buscan el dinero fácil, pero adolecen de cinética y se quedan estancados en la fase incipiente de la generación de ideas sin demasiada enjundia.

Abre los ojos querido emprendedor. Todos tenemos ideas, cualquiera con un papel en blanco y tiempo libre es capaz de confeccionar un suculento menú degustación de ideas, posiblemente haya de todo, desde ideas rancias y quemadas, hasta ideas absurdas de imposible ejecución práctica, pero a buena cuenta, un puñado de ideas serán plenamente transformables en negocios viables.

Sin embargo estas ideas no valen nada. Debes comprender que el mercado compra proyectos tangibles, el mercado consume realidades, no muestra predilección por el papel mojado.

Por este motivo, mi consejo es que priorices la calidad a la cantidad, si tienes una idea que realmente te late, concéntrate en trabajar sobre ella, elabora un bosquejo sencillo de plan de negocio en torno a dicha idea, para nada hace falta escribir una novela, con una hoja Excel sencilla que ilustre los números generales del negocio, y una presentación de cinco diapositivas que explique la estrategia general, es más que suficiente para arrancar.

Con esta primera etapa de elaboración, la otrora idea baldía ha sufrido una primera transformación, siendo ahora una idea enriquecida, amparada por una estrategia que puedes mostrar a un potencial socio o inversor. Evidentemente el valor actual de esta idea no es demasiado alto, pero tampoco es el cero absoluto.

Puedes continuar añadiendo valor, por ejemplo, desarrollando un producto o servicio mínimo viable, que sin una dedicación excesiva de recursos, puedas colocar en un test de mercado. Aunque no se trate del producto o servicio totalmente pulido y perfeccionado que aspiras a lanzar al gran público, debe reunir las condiciones mínimas para que sea funcional. Disponer de este producto/servicio mínimo viable aporta un nuevo salto cualitativo al valor de la idea inicial.

Si posteriormente ejecutas el primer test de mercado en un entorno real, aunque sea sobre una muestra muy reducida, lograrás demostrar si tu idea se vende y como colofón, obtendrás los primeros datos analíticos que te permitirán calcular la rentabilidad potencial del negocio y reajustar el plan de empresa con números mucho más fiables. En ese momento habrás dado un paso de gigante, ahora tu idea puede tener un precio de mercado cuanto menos atractivo.

Pero estate alerta, es importante saber que el mercado a menudo es perverso, ya que puede ser usuario de incontables productos/servicios, pero solo paga por aquellos que le resuelven problemas o cubren necesidades.

Por este motivo, en los test de mercado debes medir realmente las transacciones económicas fehacientes, y no las intenciones de uso de tu producto/servicio, ya que de intención puedes llenar un trasatlántico, y en la práctica obtener cero ventas reales.

El paso final sería lanzar el negocio al mercado con todas las consecuencias, en cuyo caso, los datos que arroje el negocio ya se consideran 100% irrebatibles, y en función de los resultados que obtengas, tanto vale tu negocio.

Quiero que recapacites y te des cuenta que la sociedad no compra entelequias, y menos aún un potencial inversor al que en un momento puntual aspiras a conquistar con el objetivo de levantar una ronda de capital que te permita transformar tu idea en un negocio. Elabora esa idea incipiente tanto como esté en tus manos hasta que realmente tenga valor, y en ese momento, discierne si puedes y quieres acometer sólo el camino del emprendimiento, o si precisas de compañeros de viaje.

CONSEJO #14. COMIENZA CON IDEAS REALISTAS

"Una idea feliz es aquella que tiene una probabilidad de fracaso próxima al 100%, pero cuyo potencial beneficio en caso de éxito tiende a infinito. Crea una base de negocio sólida a partir de ideas sencillas y juega después a incorporar inversión en desarrollar ideas felices que te resulten motivadoras"

Hay personas que erróneamente piensan que emprender consiste en inventar ideas totalmente disruptivas e increíbles, cuando la realidad es que emprender implica detectar una necesidad del mercado, de la sociedad, y aportar una solución viable, al poder ser, sencilla y directa, sin alardes.

La disrupción suele resultar mucho más ventajosa cuando se aplica en la propuesta de valor del producto/servicio que lanzamos al mercado, es decir, en el impacto funcional y/o emocional que percibe el cliente en relación a lo que le estamos vendiendo, y no en la propia idea.

Las ideas felices son para mí, aquellas que difícilmente vamos a poder llevar al mercado con garantías de éxito, muchas veces se trata de ideas basadas en desarrollos tecnológicos, típico de las empresas conocidas como "startups".

Una startup es pues, una empresa como otra cualquiera, que reúne tres características que le hacen ser diferencial. En primer lugar, se basan en ideas innovadoras, disruptivas, con base tecnológica.

En segundo lugar, su potencial para escalar el modelo de negocio es enorme, lo que se traduce en que a mayores ingresos, mayor es también el beneficio, ya que los costes crecen siempre muy por debajo de lo que permiten incrementar los ingresos.

Y en tercer lugar, casi el 100% de estas empresas quiebra en sus primeros años de vida. La estadística dicta sentencia.

Muchos jóvenes emprendedores soñamos con montar una startup, levantar dos, tres o más rondas de inversión millonarias, a costa de jugar a ser grandes empresarios con el dinero de otros. Es evidente que los inversores saben a qué riesgo entran cuando invierten en una startup, conocen la incertidumbre intrínseca de la operación. Como anécdota, a los inversores que meten capital en este tipo de negocios se les denomina ángeles inversores.

Pero en honor a la verdad, la startup que logra salir adelante, una de entre tantas que perecen en la cuneta, se convierte en multimillonaria. Son ejemplos de empresas de este tipo Airbnb, Uber, Glovo o Telegram. Al igual que lo fueron en su día Amazon, Apple, Google o Facebook.

Es evidente que la magnitud de estas compañías resuena en el cerebro de los jóvenes con talento que aspiran a ser el próximo Steve Jobs, pero no debes dejarte cegar por el rutilante palmarés empresarial de las escasas startup que son casos de éxito únicos a nivel mundial. Detrás hay millones de aspirantes que no llegaron a nada.

Para nada estoy diciendo que renuncies a tus sueños, por si acaso estás pensando en ello. Si realmente tienes acceso a recursos económicos casi ilimitados, por qué no probar suerte, es posible que yo también lo hubiese hecho, quién sabe.

Lo que quiero decir es que, si eres un emprendedor promedio, de los que empezamos desde cero o con apenas recursos más lejos de una mochila llena de ilusión y alguna habilidad básica, te aconsejo dejar para más adelante las geniales ideas felices, y empezar por ideas sencillas que realmente puedas llevar rápido al mercado sin dilapidar montañas de capital en el intento.

En mi caso, estudié ingeniería de caminos, canales y puertos, motivo por el que mi primera empresa es precisamente una ingeniería. Con el paso de los años, una vez he podido generar capital fruto del beneficio de mis negocios, he decidido invertir en otros sectores en los que he detectado oportunidades de crecimiento y/o sinergias, amén porque en ese momento me palpitó entrar en ellos por pura motivación. Y ya en 2020, antes de ayer, después de más de una década de recorrido empresarial, nos embarcamos en el desarrollo de una idea feliz a través de una empresa tipo startup.

Nuestra disruptiva y genial idea consiste en un dispositivo disuasor del robo de pertenencias personales cuya marca comercial es MoveProtection.

Se trata de un invento que no existe en el mercado, hemos detectado una necesidad y nos hemos lanzado como leones al desarrollo integral del mismo, con ingeniería y fabricación propia, después de llevar a cabo la protección de la propiedad industrial e intelectual del dispositivo.

En lo que escribo estas líneas estamos en la fase última de validación del producto, previa puesta en el mercado. Somos conscientes del riesgo que asumimos, de lo complejo que está resultando y del tremendo reto al que nos enfrentamos en los primeros meses de venta.

Pero somos plenamente consecuentes, sabemos que el capital invertido tiene una alta probabilidad de no retorno. Y aun así seguimos teniendo sueños y hemos invertido con pasión y propósito, con la responsabilidad de saber que no necesitamos este capital para mantener la integridad de nuestro núcleo empresarial principal.

Por cierto, permíteme meter la cuña publicitaria, entiéndeme, se trata de mi primera idea feliz y aunque no viene al hilo de este libro, cuenta con una dura y enriquecedora historia de amor-odio que quizá algún día documente en un libro ex profeso.

Con base en la argumentación anterior, basado en mi experiencia propia, te invito y recomiendo que arranques en el mundo del emprendimiento con el punto de mira orientado en la creación de una base de negocio sólida a partir de ideas sencillas, y una vez dispongas de recursos económicos y/o acceso a redes de colaboración con otros inversores, disfruta llevando a cabo el desarrollo de alguna idea feliz que te lata con fuerza y resulte gratificante.

Ojalá seas de esos pocos casos de éxito que salen en las noticias, en cuyo caso espero que me escribas para contármelo, te aseguro que esa noticia me haría muy feliz.

CONSEJO #15. APLICA INNOVACIÓN CONTINUA

"Engendrar ideas innovadoras es una habilidad que no solo te permitirá poner en marcha negocios, sino también crear nuevos productos y/o servicios, estrategias de venta, así como otros importantes activos. La inspiración es efímera, impredecible y tremendamente intensa. Convierte tu inspiración en furia creativa"

Cuando hablamos de creatividad, generación de ideas e innovación, a algunos emprendedores les estalla la cabeza, tienen un juicio de valor preconcebido vagamente fundamentado, pensando que eso de las ideas no va con ellos, que solamente está al alcance de unas pocas mentes privilegiadas.

Pero nada más lejos de la realidad, una idea innovadora es el resultado de la combinación más o menos compleja de un cóctel de ideas preexistentes. Y punto.

Ser creativo es cuestión de genialidad, pero también es cuestión de método. Debes implantar en tu emprendimiento un procedimiento debidamente estructurado que te permita y obligue, por si acaso tiendes a la procrastinación, a crear, valorar y seleccionar ideas.

Concebir ideas no debe aplicarse tan solo a la hora de arrancar un nuevo negocio, abandona esta creencia ahora mismo. La creación de ideas es el germen que deriva en la innovación empresarial, y puede aplicarse en todas y cada una de las áreas del negocio.

La innovación es la vía para una adaptación competitiva,

flexible y de valor añadido diferencial a través del ensalzamiento de las ideas, potente pilar sobre el que se sustenta el crecimiento de un negocio, y que constituye una auténtica arma de destrucción masiva en términos positivos de incremento de la competitividad. Si dominas este paradigma, vencerás.

Puedes aplicar innovación en la concepción de nuevos productos y/o servicios, pero también puedes hacerlo en la definición de un modelo de negocio más ventajoso para esos mismos productos/servicios que estás ofreciendo al mercado, también puedes aplicar innovación en la definición de la propuesta de valor que le transmites a tus potenciales clientes, de hecho te recomiendo encarecidamente que lo hagas, ya que la propuesta de valor de tus productos/servicios representa el conjunto de funcionalidades y emociones que le transmites al cliente, y en un mercado de libre competencia, estás prácticamente obligado a ser diferente para que el cliente te acabe reconociendo, forjes una marca, alcances a sacar la cabeza un poco por encima de tu competencia directa y no condenes tus expectativas de crecimiento futuro. Incluso se puede aplicar innovación en la definición de nuevas estrategias de venta, tanto a través de internet como en canales tradicionales fuera de la red.

Para aterrizar estos conceptos de manera eficaz, debes dominar en profundidad tu sector, conocer los secretos del mismo, así como aplicar creatividad e innovación de forma sistemática en tus negocios hasta obtener una ventaja competitiva.

Como te he dicho, debes establecer un método lo más

sencillo y pragmático posible que te permita crear, valorar y seleccionar ideas, yo lo llamo el embudo de la creatividad.

Es preciso partir de un volumen importante de ideas, que una vez entran dentro del embudo, vayamos filtrando, separando el polvo de la paja, hasta que llegamos a la salida del embudo, la parte estrecha, en donde recogemos como resultado del proceso aquellas ideas que realmente son susceptibles de ser seleccionadas para ponerlas en práctica, experimentar para validar su adecuación a la aplicación que le hayamos buscado, y en consecuencia, decidir si implementarlas o no en el día a día de la empresa.

Nosotros en nuestra empresa utilizamos diversas metodologías para la creación de ideas, desde sesiones de tormenta de ideas hasta comités de expertos organizados ex profeso para aportar soluciones a una cuestión central determinada. Hay múltiples técnicas para crear ideas en torno a un eje central sobre el que se desea trabajar, la clave es que sistematices la creación de ideas y lo implementes dentro del calendario de tareas de la empresa, con la periodicidad que consideres más adecuada para tu negocio.

En mi caso personal, además del contacto y debate con los compañeros, utilizo una técnica propia con la que me siento muy cómodo y siempre me ha funcionado muy bien.

De algún modo fuerzo mi mente para que temporalmente desconecte de la vorágine del negocio, lo cual no es del todo sencillo, para ello me auxilio en el deporte, en concreto en uno de los más duros que existen, el ciclismo.

Desconozco si existe algún tipo de explicación científica, no soy médico, biólogo, ni allegado, pero he podido comprobar durante muchos años que en las fases de mayor carga física, cuando las pulsaciones son muy altas y el esfuerzo está próximo al umbral anaeróbico, es cuando netamente por un instante consigo tomar perspectiva, levantar el foco hasta una posición cómoda, y durante ese corto pero intenso lapso de tiempo me convierto en una auténtica máquina de disparar soluciones, ideas y propuestas de gran relevancia para el negocio. Pensamiento divergente al poder.

Así como crear ideas es muy importante, no menos relevante es documentarlas. A nivel empresa te recomiendo confeccionar algún tipo de plantilla para poder registrar las ideas de forma estandarizada, de manera que sean fácilmente evaluables.

En las sesiones de tormenta de ideas, es básico recoger toda la sesión en un acta para su posterior valoración, tal como he comentado. Y en mi caso personal, cuando hago deporte y estimulo mi parte creativa del cerebro, siempre llevo a mano el teléfono móvil para poder apuntar todo en el momento. En honor a la verdad, te confieso que tengo un chat de WhatsApp conmigo mismo, y lo que suelo hacer es enviar notas de audio, mucho más cómodo y ágil, dadas las circunstancias.

Finalmente, nosotros tenemos una sencilla hoja Excel que nos permite evaluar ideas, comparar y en consecuencia, tomar decisiones acerca de cuál o cuáles vamos a llevar a fase de test antes de implementar de maneta sistematizada.

Te recomiendo crear un modelo sencillo que te sea eficaz para hacer lo propio en tu negocio, empieza con algo simple y vete perfeccionándolo con el paso del tiempo.

CONSEJO #16. PLANIFICA TU ESTRATEGIA DE NEGOCIO

"Planifica y desarrolla estrategias para tener el control de tu negocio. No dejes que sea el negocio quien te controle a ti"

¡80% pensar, 20% actuar! Esta es una de las epifanías que tanto me gusta repetir. Evidentemente no debes tomarla al pie de la letra, hay momentos en los que debemos actuar intensamente y otros en los que debemos pensar, planificar y en definitiva, desarrollar estrategias y tácticas empresariales. Pero en grandes rasgos quiero que te quedes con el concepto.

Conozco emprendedores en ambos extremos. Aquellos que le dan vueltas y más vueltas a la cabeza, no saben muy bien por dónde empezar, nunca es el momento adecuado, y en definitiva, no son capaces de desatascar y pasar a la acción. Por otro lado están los emprendedores que se lanzan a la acción y pegan palos de ciego sin antes dedicar un minuto a pensar y ordenar las ideas, sin una hoja de ruta que marque el rumbo.

Ambos extremos son tremendamente peligrosos, posiblemente a estos emprendedores les acabe visitando el temido fracaso. Y no es que sea malo el fracaso, ya que nos enseña grandes lecciones. Pero en este caso es evitable, basta seguir ciertas recomendaciones básicas para que no ocurra y no te desgastes al comienzo de tu carrera como emprendedor, ya que un % de los emprendedores nóveles que sufren los rigores de esta primera fase, pierden la motivación y deciden alejarse de sus sueños. Si puedo lograr que esto no ocurra en al menos un caso, habrá merecido la pena escribir este libro.

Una vez tenemos claro cuál es el objetivo del negocio que estamos emprendiendo, es necesario crear una estrategia empresarial que nos permita no solo arrancar la actividad, sino también disponer de una hoja de ruta que nos ayude a crecer de forma ordenada, planificada, guiada, y en definitiva, controlada. Debes concienciarte de la necesidad capital de manejar el timón de la empresa, no puedes permitir que el negocio te gobierne.

En los libros y manuales clásicos de dirección de empresas rápidamente nos incitan a invertir los primeros recursos del emprendimiento en elaborar un plan de empresa clásico. Permíteme ser un tanto disruptivo, déjate llevar al lado oscuro, el que no te muestran en muchos libros. La teoría clásica de dirección de empresas funciona con las grandes corporaciones multinacionales de forma estupenda, pero no funciona en las pequeñas empresas y startup que comienzan su actividad.

En el emprendimiento moderno considero mucho más útil un plan de empresa ligero, flexible, vivo y polivalente, en detrimento del arcaico ladrillo de papel prensado que tradicionalmente fue redactado en la fase de puesta en marcha del negocio y que durante décadas ha servido de pisapapeles de oficina que nadie volvió a consultar nunca más.

La diferencia entre ambos conceptos radica en un término tácitamente simple, la utilidad real. Cuando hacemos estrategia, sobre todo perseguimos que nos sirva para un fin, en este caso, entender cómo funciona la empresa, estructurar la actividad de la misma, prever las fases de crecimiento que están por venir, y contar con un sistema que nos permita hacer seguimiento periódico para comprobar si surgen desviaciones, y en su caso, disponer de todas las herramientas precisas para implementar las correcciones oportunas, así como tomar decisiones.

Me gusta explicar la praxis para elaborar un plan estratégico de estos que comento, imaginando ese bosquejo de dibujo incipiente que hace el artista antes de elaborar el completo de la obra. Ese mapa difuso que lo dice todo pero que carece de matices, ya que a nivel estratégico, en el punto en el que estamos como emprendedores, primero de todo, no somos capaces de alcanzar a entender qué detalles hemos de dibujar, y segundo, si nos empeñamos en dibujarlos, cualquier parecido con la realidad posiblemente sea pura coincidencia.

Por eso mi plan de empresa es un bosquejo de mapa, sencillo, contiene todo lo necesario para ser un organismo completo, ya que la empresa es un ser vivo, que nace, crece, y sigue creciendo. Por tratarse de un esquema, un croquis, es un dibujo mucho más flexible, puedo variar los trazos de mi hoja de ruta a medida que obtengo más información, a medida que el mercado me valida un determinado producto/servicio, a medida que adquiero experiencia y comienzo a dominar mi sector. Y además es polivalente, porque estos trazos me aportan las constantes vitales de mi emprendimiento, de una simple lectura puedo ver si todo está en su sitio, o si necesitamos implementar algún tipo de ajuste.

No existe una receta universal para elaborar este documento vivo, nosotros tenemos nuestro método y tú puedes perfectamente confeccionar el tuyo, pero sobre todo conciénciate que debes tener tu estrategia dibujada en clave de trazo fino.

Finalmente recuerda que en los negocios el camino más corto entre dos puntos rara vez es la línea recta. Paciencia, perseverancia, estrategia y altas dosis de dedicación para lograr tus objetivos.

CONSEJO #17. ANALIZA LA NACESIDAD DE INVERSIÓN

"En función de tu idiosincrasia particular, un inversor te que aporte capital al negocio puede ser la mejor o peor decisión que puedas tomar, analiza las necesidades reales y no caigas en la autocomplacencia del pescado sin caña".

Atisbo cierta tendencia dentro del ecosistema de las startup tecnológicas hacia la búsqueda veloz de capital para poder arrancar con el negocio, lo que en el argot se denomina levantar una ronda de inversión.

Por un lado esto es perfecto, siempre y cuando realmente el negocio requiera de un inversor, y por otro lado, siempre y cuando el objetivo del emprendedor no sea la inversión en sí misma, sino que detrás del bonito envoltorio existe un modelo de negocio con capacidad real para generar dinero de forma sostenible en el tiempo. Y sé muy bien de lo que hablo, por eso considero muy importante este punto.

En cuanto a la necesidad de capital, es lógico y normal que en función del tipo de emprendimiento que deseas poner en el mercado, hay negocios que apenas requieren inversión, por ejemplo si te dedicas al diseño de páginas web, con un ordenador y tu propia dedicación horaria para encontrar clientes y desarrollar el trabajo es más que suficiente. En mi caso fue parecido, montar una empresa de ingeniería siendo ingeniero no requirió mucho más que mi propio capital intelectual. Aunque desde un principio invertimos rápido en personal, un local, así como otros gastos.

Pero otros negocios son tremendamente intensivos en inversión inicial, por ejemplo, supongamos que queremos montar un proceso de inyección de moldes para la ejecución de cubiertas de embarcaciones recreativas, evidentemente las propias máquinas que debemos adquirir al comienzo de la actividad son muy costosas. En mi caso, cuando montamos el negocio de bicicletas, tuvimos que acondicionar el local, llenarlo de stock, herramientas y equipamiento para poder arrancar, invertimos unos 50.000 € iniciales, alcanzo a recordar.

Siguiendo con ejemplos, supongamos que nuestro objetivo es desarrollar un software que ofrezca un servicio determinado a otras empresas, de tal forma que necesitamos un equipo de trabajo de cincuenta personas altamente cualificadas y dos años de desarrollo hasta que podamos empezar a vender, este caso se corresponde con el modelo de una startup, y como puedes comprobar, también se necesita un potente pulmón económico antes de ingresar el primer euro.

En los dos últimos casos se requiere capital para arrancar el negocio, es indudable. Existen varias alternativas a la hora de encontrar financiación. En primer lugar tenemos el préstamo bancario. La contrapartida son los intereses del préstamo, el peaje que debemos asumir a cambio de disponer de liquidez inicial, pero tiene la ventaja de no ceder un porcentaje del negocio. Si realmente confías en tu emprendimiento y crees que tu negocio es viable, mi consejo es acudir a financiación bancaria, siempre y cuando el banco nos apruebe la operación, lógicamente.

Aunque poco común y de complejo acceso, existe una alternativa muy interesante. La financiación particular. Se trata de personas con dinero, que en vez de invertir capital a cambio de un porcentaje del negocio, lo que hacen es prestarte el dinero con un tipo de interés, generalmente más alto que el que te ofrece un banco. Pero ojo al detalle que es muy suculento, juegan la partida a riesgo, lo que significa que si tu emprendimiento no despega y acabas cerrando la persiana, a título personal no tienes que devolver ese capital que te han prestado. Por este motivo, por la asunción del riesgo, los intereses que te ofrecen son más elevados que los de un banco convencional.

Y la tercera vía es la del inversor. Sin trampa ni cartón, consiste en la aportación de capital a tu negocio, a cambio de un porcentaje del mismo. Te diluyes, cedes una parte del pastel a costa de poder arrancar y crecer. Por eso te he dicho con anterioridad que si realmente confías en tu negocio, por qué ceder parte del mismo para toda la vida, pudiendo pedir un préstamo, pagar unos intereses y ser el completo propietario de la empresa.

Si realmente no tienes más opción que acudir a una ronda de inversión, debes saber que existen dos tipos de dinero, aunque suene raro presta atención porque el matiz es muy relevante. Por un lado está el dinero tonto, gente insulsa con dinero hay detrás de cada esquina, cosas de la vida, también puede invertir en tu negocio un familiar o un amigo con capital y ganas de apoyarte, pero lo realmente brillante es levantar dinero inteligente, esto es lo que yo denomino un inversor estratégico, y es aquel que además del jugoso capital, trae a tu negocio un valor añadido adicional, puede ser el dominio de un sector o de un mercado al que persigues entrar, expertise en una materia, conexiones, o cualesquier otro intangible que puedas aprovechar a favor del crecimiento de tu proyecto. Este es el inversor deseable en caso de tener que compartir un pedacito de tu bebé.

También quiero advertir de mi oposición frontal a todos aquellos emprendedores que se suben a la moda de las rondas de captación de inversión por deporte. He podido vivir en primera persona que estos emprendedores tienen como meta precisamente levantar el dinero y no ponen el foco en lo realmente importante, hacer rentable la empresa.

La sensación que tengo es que su meta no es más que vender humo perfumado para levantar dos o quizá tres rondas de inversión de cada vez más capital, asegurar un buen caudal de ingresos durante cinco años, pagar el chalet y el superdeportivo, y si la empresa no es capaz de facturar un solo euro, pues mala suerte, se cierra el quiosco y a por otra startup.

Siento que es mi deber despejarte la cabeza de pajaritos, si realmente quieres ser un emprendedor respetable y honrado, fraguarte una carrera profesional exitosa y sostenible en el tiempo, actúa siempre con los pies en el suelo, y ten muy claro que tu principal compromiso con los tuyos, con tus potenciales socios inversores y por supuesto, contigo mismo, es construir un negocio rentable capaz de generar dinero real, beneficio neto a final del ejercicio fiscal, no un negocio que vive unos años del cuento del capital caído del cielo hasta que el cañero se termina y cambiamos de bar. La burbuja de la especulación empresarial también revienta, y en esta vida, todo acaba teniendo consecuencias.

CONSEJO #18. DESARROLLA UNA FÁBRICA DE LÍDERES

"El desarrollo de un equipo de líderes, es uno de los grandes secretos para lograr el crecimiento sostenible de un negocio"

Cuando emprendemos un negocio generalmente estamos tan sumamente enfocados en aprender a andar, que no solemos reparar en cómo debemos echar a correr cuando nos toque cambiar el ritmo, y es lo más normal del mundo.

Por este motivo es importante disponer de una hoja de ruta, una estrategia que contemple el largo plazo, el llamado "hacia dónde vamos", tal como hemos hablado con anterioridad.

Pues bien, es importante que conozcas ex ante, cuál es uno de los grandes secretos del crecimiento de las empresas, que en la práctica es sumamente complejo implementar de la forma que nos gustaría. Se trata de la figura del líder y el concepto del liderazgo.

El liderazgo puede definirse como el conjunto de habilidades directivas con las que un individuo (el líder) cuenta para influir sanamente en la forma de ser o actuar de un grupo de personas que están bajo su tutela profesional, logrando que el equipo desarrolle su trabajo con altas dosis de motivación y eficiencia en busca de la consecución de los objetivos y metas corporativas.

En las primeras etapas del negocio, lo habitual es que seas tú el único líder, pero con el paso del tiempo, el crecimiento de la empresa radica ineludiblemente en la creación de nuevos líderes que tomarán el peso de las diferentes áreas del negocio y que son la llave maestra que abre la puerta del siguiente nivel.

Una opción alternativa es comprar talento, contratar líderes consagrados que puedan dotar a tu emprendimiento de una mejora cualitativa de especial magnitud. Sin embargo esta opción implica habitualmente un desembolso económico importante, ya que estos líderes están muy cotizados en el mercado y debes pagar por lo que valen.

Por este motivo, mi recomendación es hacer cantera, convertirte en un líder de líderes, un mentor de excepción que a fuego lento y desde dentro, va cocinando a los próximos líderes de la compañía, para que puedan promocionar y dar un paso adelante en el momento preciso.

En mi experiencia personal he probado ambos métodos. He fichado talento y nos ha ido mejor que bien, y también estamos fabricando líderes dentro de la empresa con resultados satisfactorios. No hay una opción mejor que la otra, ambas son igualmente válidas siempre y cuando el resultado sea el esperado.

Me gustaría darte una precaución adicional, ya te dicho que no se trata de un aspecto trivial, es complejo, es de hecho, uno de los retos más grandes a los que debe enfrentarse un empresario, y es también el camino que debes tomar si en algún momento aspiras a salir de la operativa directa de tu empresa.

La complejidad radica precisamente en la connotación emocional inherente al factor humano. El capital humano es de lejos el activo más difícil de gestionar de una empresa. Las personas estamos sometidas a estados emocionales cambiantes y por ende, somos imprevisibles. Sin duda es apasionante el reto, pero no sencillo.

Respecto a pensar en salirte de la operativa de la empresa, posiblemente en esta fase de tu carrera profesional te explote la cabeza, cuando la ambición a corto plazo es poner un negocio en marcha y generar los primeros ingresos. Pero todo llega, sin darte cuenta entrarás en una fase de madurez en tu emprendimiento y en tu vida personal, y posiblemente tu mente te pida delegar la dirección general en uno de tus líderes.

El poder que te confiere esta delegación es inconmensurable, ya que por primera vez habrás logrado ser dueño de tu tiempo, esa frase que todos incluyen en su repertorio y que realmente unos pocos logran alcanzar.

En esta situación de privilegio podrás disponer de tu tiempo a discreción, si te late estar de vacaciones permanentes, hazlo, pero posiblemente seas de los míos, y sigas teniendo ambición para emprender nuevos proyectos, así que prepárate para lanzar nuevos negocios al mercado, surfear oportunidades, y por qué no, atrévete con esa idea feliz que tanto anhelas, pero esta vez con la experiencia de haber recorrido un importante camino con anterioridad.

Y ahora que no nos escucha nadie, si te apetece tomar un año sabático para gozártela, hazlo con la máxima tranquilidad posible. Espero me envíes una postal desde el paraíso, mojito en mano.

CONSEJO #19. CREA UNA MARCA ÚNICA

"Implementa diferenciación y convierte el negocio en una marca reconocible, única, con impronta y personalidad propia"

En un mercado global, incluso en nichos muy específicos, la competencia es voraz, un océano rojo lleno de tiburones hambrientos dispuestos a morderte la nariz y escupirte en un ojo si sacas un poco la cabeza.

Por supuesto existen oportunidades de negocio de baja competencia, océanos azules con las aguas mansas y libres de peligros inminentes, pero lamentablemente estos reductos no suelen compartirse en las redes sociales, no es sencillo dar con ellos. Y además ten en cuenta que una vez destapes tu actividad, si realmente hay negocio, pronto llegarán nuevos competidores a diezmarte el pastel, es ley de vida empresarial.

Con base en esta argumentación, dediques a lo que te dediques, no importa el sector, ni el ámbito de actuación, ni el canal de venta, tampoco el tamaño de la empresa, debes implementar matices que te confieran atributos diferenciales con respecto a la competencia, que además sean reconocibles de forma sencilla por tu cliente potencial.

El conjunto de factores que el cliente reconoce de ti de forma inequívoca, a eso se le denomina marca, y aunque se trata de un concepto etéreo, netamente intangible, el valor de tu negocio sin duda es mayor cuanto mayor sea el alcance de tu marca.

Si no logras implementar matices que te hagan ser percibido

como único, aunque sea por tan solo un aspecto muy concreto, es muy difícil que tu negocio cale en la sociedad, posiblemente no te reconozcan, y si no te ven, no existes.

La marca es uno de los patrimonios más importantes de una empresa para garantizar la sostenibilidad y el crecimiento del negocio en el tiempo.

No es sencillo encontrar esos matices que te hacen único, puede que te lleve tiempo lograrlo. En ocasiones el ingrediente que nos hace reconocibles lo hallamos en donde menos puedas pensar, e incluso en muchos casos es el propio mercado quien nos acaba diciendo a nosotros en qué somos únicos, aprender a escuchar al cliente es muy valioso para un negocio.

Por poner un ejemplo cotidiano, seguro que conoces el típico bar de barrio, solamente conocido por los vecinos que pasan a tomar el café simplemente porque es el bar más cercano. Pero un día ese bar inocuo de marca invisible, decide poner en marcha un pequeño obrador y cada mañana ofrece repostería recién hecha de alta calidad. De pronto uno de los vecinos habituales le comenta a su círculo de amigos y a sus compañeros de trabajo la increíble repostería que desayuna cada mañana en el bar. Este efecto llamada se traduce en nuevos clientes cada mañana hasta abarrotar el local. Sin darse cuenta, la dueña del bar ha logrado crear una marca incipiente cimentada sobre un elemento diferencial que le hace ser un bar único, la repostería casera de alta calidad que nadie ofrece, y su mercado ha pasado de ser el barrio a amplificarse por toda la ciudad.

Una vez comprendes cuál es tu factor clave de diferenciación, tienes el increíble poder de tomar acción para consolidarlo y amplificarlo. Es posible que la gerente tenga que acometer alguna reforma en su antiguo bar para darle un aire más moderno, quizá deba ampliar la terraza para dar cabida a más clientes, es posible que haga un cartel luminoso en la fachada con el eslogan "la mejor repostería casera de la ciudad", seguramente haga publicidad en la radio regional, quizá decida abrir un perfil de empresa en las redes sociales para que un experto le gestione su actividad en internet, pudiendo alcanzar una amplitud de exposición mucho mayor. Incluso es posible que dentro de dos años tenga que ampliar el negocio, poner en marcha un obrador independiente con mucha más capacidad de producción, contratar personal específico para su operación, y por qué no, vender a través de internet a todas las regiones del país, habiendo firmado un acuerdo de distribución con una empresa especializada en transporte de alimentos frescos que garantiza la entrega de la repostería en menos de 12 h. En diez años habrá abierto más de 20 franquicias en todo el país.

Este ejemplo es tremendamente ilustrativo del poder que tiene la marca, en este caso se trata de una diferenciación en producto, y es que el mercado es muy agradecido cuando le ofrecen algo único a nivel de producto y/o servicio. Es lo que se denomina "productocracia", si realmente ofreces calidad, quien lo prueba, repite. En cualquier sector.

Pero también es posible encontrar nuestro elemento diferencial en otras áreas del negocio. Quizá nuestro fuerte es la rapidez, o el trato con el cliente, puede que nuestra propuesta de valor sea increíble y única aun a pesar de vender los mismos productos/servicios que la competencia. Y por supuesto, puede que seamos los más baratos y se nos reconozca por ello, aunque personalmente no te recomiendo distinguirte por precio, salvo que no tengas otra salida y obtengas beneficio en la transacción.

A pesar del éxito que cosechó nuestra invitada de la historia anterior con su humilde bar sin esperarse la reacción inicial del mercado, te invito a que seas proactivo en la definición de tu marca, no esperes si es posible a que el cliente te diga en qué eres único, no pasa nada si esto ocurre, pero puede que nunca llegue, no dejes al azar un aspecto tan importante.

Define en qué crees que puedes ser único, siéntete cómodo con tu marca, lánzala al mundo y despliega una estrategia de consolidación y amplificación, tanto en el ámbito local como en internet, independientemente de a qué te dediques, no dejes de tener una destacada presencia en internet, por muy pequeño que veas ahora tu negocio.

CONSEJO #20. IMPLEMENTA UN SISTEMA DE VENTAS

"Diseña una estrategia global de ventas que te permita incrementar tanto la eficacia comercial como la eficiencia en el cierre de contratos"

Muchos emprendedores ponen su atención en el diseño de producto y/o servicio, ya que resulta muy gratificante transformar esa idea inicial en una realidad que ofrecer al mercado, pero no repara en la vital importancia de vender.

Como he dicho en otras ocasiones, una empresa es un organismo vivo, necesita tanto producción como ventas para poder vivir, por igual, no es posible discernir cuál es más importante de ambas, ya que el mejor producto del mundo no vale nada si no llega al mercado, y por otro lado, de poco sirve reventar las ventas si después el producto o servicio que entregamos al cliente es mediocre y no cumple con sus expectativas.

Pero como empresario, si me obligas a elegir pistola en mano apuntando a la sien, te confieso que priorizo vender, y una vez tenga el contrato cerrado, hágase todo lo posible e incluso lo imposible por cumplir con las expectativas del cliente.

Sea como fuere, debes armar una estrategia de ventas que te permita llegar de forma sistemática al mercado, al ser posible con la mayor eficacia, y mejor aún, con la mayor eficiencia de cierre de ventas.

No es sencillo escribir una receta única, ya que cada negocio cuenta con una idiosincrasia particular, pero hay varios aspectos importantes de carácter general que debes saber, independientemente que vendas exclusivamente en internet, en canal físico, de manera híbrida, o como sea que lo hagas.

La estrategia de ventas debe recoger el canal o canales comerciales que vas a utilizar para llegar a tu cliente potencial, y en función del canal, es preciso desarrollar una serie de soportes comerciales a medida de las posibilidades que ofrece cada uno de ellos, incluyendo los "copys" o textos de venta que mejor se ajusten a cada formato, así como las creatividades oportunas, si es que procede.

Toda estrategia de ventas debe basarse en el diseño de uno o varios embudos de venta, independientemente que vendas en línea de manera automática mediante el uso de herramientas de marketing digital, o vendas de forma más tradicional, haciendo uso de otros métodos de captación de potenciales clientes, establecimiento del primer contacto y negociación directa con los mismos.

El embudo de ventas representa el mapa general del proceso de maduración de la relación con un potencial cliente, desde que te conoce y tiene un primer contacto con tu empresa, hasta que logras ganarte su confianza y decide finalmente ser tu cliente.

Es básico establecer un sistema sencillo a la par que eficaz para el registro, seguimiento y análisis del aparato comercial. Debes recoger cuantos más datos de cada cliente potencial, hacer un adecuado seguimiento de las ofertas lanzadas con el objetivo de llevarlas a cierre, y finalmente hemos de determinar parámetros de control que nos permitan analizar los resultados que vayamos obteniendo, de tal manera que el propio sistema de ventas se vaya retroalimentando de la experiencia adquirida, podamos iterar para incorporar mejoras en el método a todos los niveles, y en definitiva, incrementar con el paso del tiempo la eficacia y eficiencia global, y no solo eso, sino también poder discernir qué clientes no nos aportan el beneficio necesario, qué productos/servicios son los más rentables, etc.

Finalmente quiero advertirte de un error habitual que he podido ver en muchas empresas pequeñas que arrancan su actividad, de hecho lo sufro en mis carnes en alguna de las empresas jóvenes en las que soy socio. En casa del herrero, cuchillo de palo.

En concreto, experimentamos un tremendo bloqueo cuando el aparato comercial de pronto cierra varios contratos consecutivos, sobre todo en empresas de servicios en donde se requiere capital humano para elaborar dichos proyectos, y abandonamos durante semanas e incluso meses la labor comercial. Atención por favor, puede ser muy grave.

Grábate esto en lo más profundo de tu yo emprendedor, jamás frenes el ritmo de tus ventas, si has de quebrar tu negocio, que sea porque no has sabido gestionar la carga de trabajo, pero jamás por falta de clientes. Vende, vende, y después sigue vendiendo, ya verás como encuentras soluciones para satisfacer a tus clientes en los plazos y condiciones acordadas, vender más implica crecer, a buena cuenta contratar más personal en producción, vértigo ocasional cuando piensas en las nóminas que debes pagar a final de mes, pero puedes y debes hacerlo, cuando superes esa barrera mental te darás cuenta que dominas la situación y estarás preparado para dar otro salto más en el crecimiento del negocio. Si por el contrario frenas, adoptas una postura conservadora, posiblemente el principio de tu fin esté cerca, así que vende o muere.

CONSEJO #21. DESARROLLA UN PENSAMIENTO CRÍTICO

"Explora, experimenta, descubre, desarrolla un pensamiento crítico con respecto a cualquier dogma o receta universal que quieran venderte"

A lo largo del camino te encontrarás con personas que tienen distintas motivaciones, ambiciones, circunstancias, e incluso diferente visión de los valores éticos.

Sabiendo esto de antemano y estando advertido de la necesidad de desarrollar un pensamiento crítico, lejos de tratarse de un escenario hostil y negativo, esta situación puede ser enriquecedora si sabes canalizar adecuadamente los estímulos externos que te llegan.

Existen multitud de gurús, autoproclamados generalmente, máxime en las redes sociales. Son fácilmente reconocibles porque suelen tener adeptos acérrimos que les veneran, a menudo nos aparecen en vídeos publicitarios con el objeto de vendernos algo, adoptan la postura de tener la verdad absoluta, y generalmente ofrecen recetas de éxito cual chamán.

Debes saber que este tipo de contenido puede ser muy perjudicial para tus intereses como emprendedor, escúchales si lo deseas, pero se crítico, cuestiona lo que te cuentan, y si realmente puedes, extrae alguna pepita de oro para aplicar a tu proyecto, por qué no. Muchos son falsos gurús en la piel de una persona con notables habilidades comunicativas, pero soy de los que piensan que todos tenemos algo que aportar.

También hay personas que sanamente están dispuestos a ayudarnos, nos dan consejos, pero debes saber que nuestros seres más queridos en ocasiones pueden ser muy perjudiciales para nuestro emprendimiento.

Parece contraintuitivo, lo sé, pero en la práctica es así. La casuística del por qué resulta variopinta. Recuerdo cuando terminé mis estudios universitarios, mis padres lo último que querían para mí es que me lanzase a la aventura de tener un negocio propio, ellos preferían un buen puesto de trabajo para su hijo en una gran corporación de ingeniería, una vida estable dentro de la zona de confort. Muchos potenciales emprendedores abandonan su sueño al sentir la falta de apoyo del entorno cercano.

También nuestros amigos y conocidos pueden resultar tóxicos. En el caso de los verdaderos amigos ocurre lo mismo que con tu familia, quieren lo mejor para ti, y si ellos no tienen una mentalidad emprendedora como la tuya, es posible que no te entiendan y en ocasiones notes su falta de apoyo.

Los realmente dañinos son esos conocidos, compañeros de estudios, ex compañeros de trabajo, etc., que lejos de desearte lo mejor, sienten envidia porque ellos no se creen capaces de perseguir sus sueños como tú lo estás haciendo, y por este motivo intentan boicotearte a nivel mental.

Por todo ello, repito una vez más, no es malo que recibas estímulos de cualquier entorno externo, lo realmente importante es que seas consistente con tus principios, sólido en tu visión, y tremendamente crítico con lo que te cuentan.

Se analítico y extrae tus propias conclusiones. Incluso te invito a ser crítico con un servidor, ya que mis consejos se basan en mi experiencia, no busco que apliques todo con fe ciega, solamente trato de inspirarte y aportarte un poco de luz para que tu camino dentro del emprendimiento sea lo más sano y exitoso posible.

4 FELIZ COLOFÓN FINAL

Casi sin darme cuenta hemos llegado al final del libro. Espero de corazón que hayas podido anotar alguna idea de entre todos los consejos y experiencias que he tratado de transmitirte con la mayor claridad posible.

Te invito a que reposes el contenido que hemos visto y acudas nuevamente a repasar alguno de los conceptos dentro de un tiempo. Resulta increíble cómo somos capaces de absorber e interpretar información con mayor amplitud de miras a medida que experimentamos un proceso de transformación en nuestro grado de madurez personal y empresarial.

Procura aplicar un pensamiento crítico cuando vayas a implementar alguno de mis consejos en tu emprendimiento, estoy seguro que mi experiencia te puede inspirar y puede ser el acicate perfecto para despertarte valiosas capacidades como emprendedor, pero recuerda que lo que a mí me ha funcionado, quizá en tu caso requiera de algún tipo de ajuste para que también funcione. Cada casuística es única y especial.

Por otro lado, si eres de esos aspirantes a emprendedor que todavía no lo tiene claro, y después de leerme has decidido pasar a la acción, no sabes lo feliz que me hace haberte podido ayudar en ese último empujón que en ocasiones todos necesitamos.

Si ya estás emprendiendo y has podido extraer una sola pepita de oro para llevar a tu mochila de herramientas importantes, igualmente soy más que muy feliz, habrá merecido la pena.

Sea cual sea tu situación, si has capturado valor con mi libro, por favor, escríbeme al correo *info@rubendiegocarrera.com* y házmelo saber, te prometo contestarte personalmente sonrisa en boca.

En varias ocasiones he hablado de nuestros métodos, plantillas y hojas de cálculo Excel para llevar a cabo alguno de los consejos vistos. Aprovecha que tienes mi correo para pedirme alguna de estas plantillas cuando realmente las necesites, con placer te ayudaré compartiendo contigo estos recursos.

Por otra parte, tengo un curso básico de emprendimiento en formato vídeo que no puedes encontrar en mis redes sociales, pertenece a uno de los módulos de un programa de formación más amplio que tenemos en el mercado. Pídeme sin problema este curso básico de emprendimiento, te daré acceso gratuito.

Finalmente, te invito a bucear entre el contenido libre que comparto en mis redes sociales, sobre todo en mi canal de YouTube (Rubén Diego Carrera) es donde comparto material más valioso y práctico para un emprendedor.

Sin embargo, en Instagram también podrás ver un poco más cómo es mi día a día, se trata de una red social más cercana en la que podemos interactuar mucho más, y también tienes acceso directo mediante mensaje privado para preguntarme alguna duda concreta. Siempre intento contestar, aunque en ocasiones me lleve algún tiempo poder hacerlo. Mi cuenta de IG es *@ruben_diego.carrera*. Y por supuesto, podemos hablar en LinkedIn, la red social profesional por excelencia. Tengo cuenta en casi todas las redes, búscame si te interesa en Twitter, Facebook, Twitch o TikTok.

Finalmente, te invito encarecidamente a visitar la pagina web de APADRINA UN EMPRENDEDOR, la asociación sin ánimo de lucro que presido, regístrate para poder recibir ayuda, nuestro leitmotiv es aportar un buen puñado de valor y recursos de forma gratuita. Puedes acceder en la dirección *www.apadrinaunemprendedor.com*

¡Te espero con los brazos abiertos!

Rubén.

5 GRACIAS POR SER Y ESTAR

Antes de plegar velas, es un verdadero placer mostrar mi agradecimiento eterno a ese pequeño gran círculo de personas que de forma sana y honesta me queréis tal como soy, soportáis mis virtudes y valoráis mis defectos hasta el punto de hacerme creer en ocasiones que alguno de mis defectos es también una virtud. Gracias por existir, por hacer conmigo parte del camino. Siempre en mi corazón.

Me gustaría regalar unas palabras a mis padres, Lourdes y José Antonio, siempre estáis ahí cuando realmente os necesito, siempre me aportáis lo mejor cuando mi situación es la peor. Puedo decir lo mismo de mi hermana Paula, un pilar básico de mi vida.

También quiero recordar a todos los compañeros de batallas profesionales con los que he compartido vivencias, sin la fuerza del equipo nada sería posible, sin las anécdotas acaecidas ahora sería una versión descafeinada de lo que soy. Por muchas más experiencias.

Me late destacar a Esteban López, amigo de la infancia que después de unos años separados profesionalmente por la distancia, por fin hemos vuelto a juntarnos y asociarnos para seguir disfrutando de la ingeniería y los negocios como si fuese una evolución natural de lo que gozábamos de niños jugando al scalextric.

Lo mismo puedo decir de David Santos, socio incombustible como pocos, un empresario hecho a sí mismo. Recuerdo cuando hace diez años trabajábamos los tres mano a mano en el sector de las energías renovables, Esteban, David y un servidor. Los caminos se separaron, y hoy me siento afortunado por teneros nuevamente en mi vida, queridos socios y amigos.

También Francisco Ballester, a quien considero mi primer gran mentor, artífice de mi primera experiencia como socio de una empresa. Gracias ilimitadas por tu generosidad, jamás has escatimado en consejos, no te has guardado nada y has forjado un importante patrimonio humano de profesionales que han pasado por tus manos, un bonito legado del que te puedes sentir orgulloso.

A Nacho Caballero, por inocularme hace un mes el sano veneno que ha desembocado en este libro, no solamente me ha hecho una enorme ilusión que me hayas citado en tu último libro "Escuchar, detectar, ayudar", sino que además me has inspirado para pasar a la acción y escribir esta obra. Acción, reacción.

Gracias a la vida, que lejos de no ser un camino de rosas, al final del día lo realmente trascendente es que cada noche me acuesto con la ilusión de poder vivir mucho más que mucho.

Es un apasionante privilegio poder levantarme cada mañana y darme cuenta de lo tremendamente afortunado que soy por todo lo que me regala la vida, aunque me hubiese gustado que fuese de otro modo en ciertos aspectos, pero al fin de cuentas, es posible que mi secreto del éxito radique en haber logrado comprender que la verdadera felicidad se encuentra detrás de la oportunidad de volver a escribir una nueva página en blanco cada día.

¡Gracias infinitas!

Rubén.

www.ingramcontent.com/pod-product-compliance
Lightning Source LLC
Chambersburg PA
CBHW020456220526
45464CB00002B/1012